잘 자라라
　내 마음

글 윤아해

성균관대학교 박사 과정에서 아동 문학을 공부하였고, 대학에서 아동 문학을 가르치며 아동 문학 프로그램을 개발하고 있습니다. 지은 책으로 《꽃신》 《달기의 흥겨운 하루》 《다윗이 양들을 돌봐요》 등이 있습니다.

그림 이영림

대학에서 회화를 공부하고, 영국 킹스턴 대학에서 일러스트레이션을 공부했습니다. 지금은 프리랜서 일러스트레이터로 활동하고 있습니다. 그린 책으로 《귀염둥이 아니면 어때?》 《미루미루수리수리 미루의 미루 찾기》 《신통방통 일기 쓰기》 《방귀 스티커》 《불과 흙의 아이 변구, 개경에 가다》 《최기봉을 찾아라!》 《함께라서 행복해》 《화장실에서 3년》 《게으른 게 좋아》 등이 있습니다.

| 이 책에 대한 설명 |

어린이가 행복을 느끼며 건강한 삶을 살기 위해서는 자신의 가치에 대해 관심을 두고 자신을 사랑하는 마음을 가지는 것이 가장 중요합니다. 그것을 우리는 자존감이라고 부릅니다. 긍정적인 자존감이 형성된 어린이는 사람들과의 관계에서 분명한 차이를 드러냅니다.

이 책은 어린이 스스로 자존감이 무엇인지 깨닫고 생각해 볼 수 있도록 부모님, 선생님 그리고 친구와의 관계를 중심으로 자연스럽게 이야기를 전개합니다. 항상 위축된 모습의 준이와 자신을 존중할 줄 아는 긍정적인 새, 쑥쑥이의 이야기를 통해, 자존감이 무엇이며 어떻게 자신을 사랑해야 하는지 알려 줍니다.

*이 책을 만드는 데 도움을 주신 김희영, 이수현 선생님께 감사드립니다.

스콜라 꼬마지식인 02

잘 자라라 내 마음

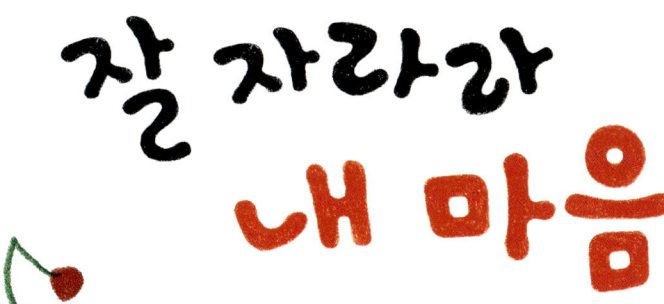

윤아해 글 | 이영림 그림

위즈덤하우스

내 마음속에는 마음나무가 있어.
마음나무에는 예쁜 새도 살고 있지.
새 이름은 쑥쑥이야.
마음나무가 쑥쑥 자라게 도와주거든.

"아이고, 준이야! 방이 왜 이렇게 지저분해.
얼른 정리하고 자!"
엄마한테 또 야단맞았어.
나는 왜 만날 혼나는 걸까?
나는 방도 안 치우는 지저분한 아이일까?

긍정적으로 생각하기

좋지 않은 일이 생겼을 때, 자기 자신에 대해 나쁘게 생각하는 건 마음나무를 아프게 한답니다. 자신에 대해 좋은 말을 해 주세요. "괜찮아. 잘할 수 있어. 잘할 거야."라고요.

"어서 일어나! 이렇게 늦잠 자면 어떡해!"
이런, 너무 늦게 일어난 거야.
세수도 하는 둥 마는 둥, 밥도 먹는 둥 마는 둥,
옷 입고, 가방 메고, 신발 신고, 후닥닥 달려 나왔어.
"엄마, 학교 다녀오겠습니다!"
학교까지 빨리 달려가면 지각하진 않을 거야.

하지만 오늘따라 왜 이렇게 힘들지?
"어차피 늦을 건데. 에이, 모르겠다!"
나는 너무 숨이 차서 터덜터덜 걸었어.

안 돼!
포기하는 건 싫어 싫어.

쉽게 포기하지 않기

힘들다고 한 번 두 번 포기하면 나중에는 아무것도 할 수 없어요. 잘하는 날도 있고 못하는 날도 있겠지만, 오늘만큼은 포기하지 마세요. 그래야 마음나무가 조금씩 자랄 수 있거든요.

"어, 준이가 지각하지 않으려고 달려왔구나? 잘했어!"
선생님이 칭찬해 주셨지. 나는 어깨가 으쓱해졌어.
뛰어오길 잘했다는 생각이 들었지.

그때, 유나가 들어오는 거야.
'와, 유나다!'
가서 말을 걸려고 하는데 유나는 나를 쳐다보지도 않았어.
그러더니 친구에게 쪽지를 주며 키득거렸어.
'나는 유나가 참 좋은데, 유나는 왜 나를 본 척 만 척하는 걸까?'

'유나는 나 같은 애를 싫어할 거야.
난 철수처럼 운동도 잘 못하고,
민이처럼 노래도 잘 못하고,
훈이처럼 공부도 잘 못하니까.'

네가 뭐 어때서?
네가 부러워하는 아이들이
어떤지 한번 볼래?

운동 잘하는 철수!
멋있어 보이지만
공부를 못해서 고민이래.

노래 잘하는 민이!
멋있어 보이지만
그림을 못 그려서 고민이래.

공부 잘하는 훈이!
멋있어 보이지만
키가 작고
뚱뚱해서 고민이래.

넌 어때?

잘하는 것과 못하는 것 알아보기

무엇이든 다 잘하는 사람은 아무도 없어요. 누구나 잘하는 것이 있으면 못하는 것도 있기 마련이지요. 그래서 이 세상에는 운동선수도 있고, 선생님도 있고, 소방관도 있는 거예요. 다른 사람에겐 약한 부분이 나에겐 강한 부분이 될 수도 있어요. 다르다는 것을 알고 인정할 때 마음나무는 잘 자란답니다.

오늘은 줄넘기를 한대.
난 줄넘기가 정말 싫은데…….
날마다 미술만 하면 얼마나 좋을까?
오늘도 미술, 내일도 미술, 모레도 미술.

나는 줄넘기가 하기 싫어서 이렇게 말했어.
"에이, 또 줄넘기! 줄넘기는 정말 재미없어.
난 그런 거 안 해!"
하지만 선생님은 내 말을 듣지도 않았어.
"안 하긴 뭘 안 해? 얼른 운동장으로 나와!"
선생님은 내 마음도 모르고……. 피!
하나도 못 넘고 걸리면 어쩌지?

나는 잘하려고 온 힘을 다해 뛰었어.
하지만 하나도 못 넘고 발에 걸리고 말았지.
다시 해 보았어. 겨우 한 개는 넘었지만 또 걸리고 말았지.
그 다음도, 그 다음도 계속 발에 걸리는 거야.
친구들이 깔깔깔 웃어 댔어.
유나도 크게 웃었지.
철수가 손가락질까지 하며 큰 소리로 웃는 거야.
나는 화가 나서 주먹을 꾸욱 쥐었어.

안 돼. 네가 화났다고 친구를 때리면 안 되지.
화를 다스려 보자.
준이야, 제발 참아. 응?

마음속 '화' 다스리기

화가 날 때마다 친구를 때린다면 내 곁에는 아무도 없을 거예요. 그러면 금방 외톨이가 되겠지요? 너무 외로워서 바보같이 느껴질지도 몰라요. 하지만 왜 화가 났는지 자기 마음을 말로 표현하면 싸울 일도 싸우지 않고 쉽게 풀 수 있을 거예요.

하지만 나는 결국 철수를 때리고 뒤로 확 밀었어.
철수는 뒤로 철퍼덕하고 넘어졌지.
"준이, 너!"
철수는 까진 손바닥을 보더니 벌떡 일어나서 나를 밀었어.
나도 지지 않으려고 어깨를 때렸지.
"너희들 왜 그래?"
친구들이 말리고 선생님도 달려왔어.

선생님은 싸우면 안 된다고 야단치셨어.
나는 철수를 노려보며 씩씩거렸지.
"철수가 먼저 놀렸어요."
"그냥 웃은 거야!"
선생님은 학교 끝날 때까지 화해하라고 하셨어.
나는 사과하고 싶지 않아서 입을 꾹 다물었어.
철수 녀석도 아무 말 하지 않았지.
'흥, 철수가 잘못했으니까,
절대로 사과하지 않을 거야!'

철수가 웃어서 정말 속상하지?
그렇게 크게 웃다니, 너무해!
하지만 너도 잘못했어.
철수 손바닥에 피나는 것 좀 봐!
잘못을 바로잡을 수 있는 힘은 너 자신에게 있어.
네가 사과를 안 하면 얼마나 불편하겠니?
용기를 내어 미안하다고 말하는 거야.
자, 이리 와!

실수 인정하기

누구나 잘못된 행동을 할 수 있어요. 그것을 알게 되었을 때, 잘못을 바로잡고 다시 하지 않으면 돼요. 하지만 잘못을 알면서도 그냥 있으면 마음이 계속 무거울 거예요. 이런 일이 계속 반복되면 내가 나쁜 사람처럼 생각될지도 몰라요. 그럼 마음나무가 아프겠지요? 잘못했다면 얼른 인정하세요. 그러면 마음나무가 아주 좋아할 거예요.

유나는 또 친구들과 쏙닥거리며 쪽지를 주고받았고,
훈이는 받아쓰기 100점이라고 좋아했고,
철수는 오늘 태권도 품띠를 딴다고 큰 소리로 자랑했어.
"품띠? 와, 굉장하다."
친구들이 하나 둘 철수 주변에 모여들었어.
아직 품띠를 딴 친구는 아무도 없거든.
'좋겠다.'
나도 부러워서 철수를 바라보는데 까진 손바닥이 보였어.
조금 미안한 마음이 들었지.
'먼저 사과할까?'

수업이 끝나는 종소리가 울렸어.
"준이랑 철수는 화해했니?"
"지금 할 거예요."
나는 철수에게 갔지.
배에 힘을 주고 용기를 내어 말했어.
"아까 밀어서 미안해.
네가 웃어서 화가 났나 봐."
"나도 웃어서 미안해."
말하고 나니 기분이 좋아졌지.
사과하길 참 잘했다는 생각이 들었어.
그런데 그때 종이 한 장이 눈앞에 쓰윽 나타났어.

잘했어, 잘했어. 정말 잘했어.
너는 용기 있게 사과할 줄 아는 멋진 아이야.
게다가 생일 초대까지 받았잖아.
축하해, 정말!

용기 내어 화해하기

자신의 잘못을 인정하는 건 쉽지 않아요. 그건 어른들도 무척 어려운 일이거든요. 그렇다고 화해하지 않고 지내면 마음이 계속 불편할 거예요. 용기를 내어 화해해 보세요. 자신의 잘못을 인정한다는 것, 그건 정말 용기 있고 멋진 행동이랍니다.

나는 집으로 달려갔어.
"엄마, 엄마! 내가 방 정리도 하고, 강아지 똥도 치우고,
쓰레기도 갖다 버리고, 아빠 구두도 닦을게요.
용돈 얼마 주실래요?"
엄마는 빙그레 웃으며 말했어.
"우리 준이가 무슨 일일까? 엄마를 다 도와주고.
쓰레기 분리수거까지 하면 삼천 원 줄게."
좋았어!
나는 부지런히 일했어.
그리고 문방구로 달려갔지.

"이건 얼마예요?"
"오천 원!"
"이건요?"
"칠천 원."
예쁜 건 많았지만, 비싸서 살 수 있는 게 없었어.
저금통에서 꺼낸 천이백 원, 엄마가 준 삼천 원.
모두 사천이백 원뿐이었어.
에휴!
한숨을 쉬고 있는데, 갑자기 예쁜 상자랑 구슬이 눈에 띄었어.
"이건 얼마예요?"
"상자는 천 원, 구슬은 삼천 원이다."
내가 가진 돈이랑 딱 맞긴 하지만
유나가 이런 선물을 좋아할까?

왜 걱정부터 하는 거야?
유나가 좋아할지 그렇지 않을지 모르는 거잖아.
너만의 멋진 선물을 만들어 보는 거야.
자, 도전해 보라고!

최선을 다해 도전해 보기

도전했다고 다 성공하는 건 아니에요. 그렇다고 도전하지 않으면 아무것도 이룰 수 없어요. 최선을 다해 도전해서 성공하면 기쁘겠지요? 하지만 실패했다고 실망하지는 마세요. 다시 도전하면 되니까요. 마음나무도 차가운 비와 세찬 바람을 이겨내며 잘 자랄 거예요.

나는 망설이다가 상자랑 구슬이랑 도화지 두 장을 사서
집으로 달려왔어.
쓱싹쓱싹, 싹둑싹둑, 뚝딱뚝딱!
그리고, 오리고, 붙이고.
열심히 만들었지.

드디어 유나의 생일!
세수도 깨끗이 하고, 가장 멋진 옷을 꺼내 입었어.
그리고 선물 상자를 들고 유나네 집으로 달려갔지.
친구들이 벌써 많이 와 있었어.
유나는 친구들의 선물을 받고 좋아했지.
커다란 나비 머리띠, 반짝이 필통, 가방에 다는 인형…….
갑자기 내 선물이 초라해 보였어.

'유나가 내 선물을 좋아할까?'
나는 슬그머니 선물을 뒤로 숨겼어.
친구들은 하하호호 웃었지만,
나는 멀뚱멀뚱 바라보기만 했지.

선물을 주지도 않고 좋아할지
싫어할지 어떻게 알아?
그리고 네 선물이 왜 초라해?
이렇게 멋진 선물을 만든 건 너밖에 없잖아.
자랑스럽게 생각하고 네가 먼저
유나에게 다가가 봐. 어서!

친구에게 내가 먼저 손 내밀기

이 세상에 똑같은 사람은 아무도 없어요. 잘하는 것도 못하는 것도 모두모두 다르거든요. 내가 열심히 했다면 스스로 자랑스럽게 생각하세요. 그리고 부끄러워하지 말고 마음을 열어 보세요. 내가 다가가야 친구도 내게 다가온답니다.

언제까지 가만히 앉아 있을 수는 없었어.
나는 침을 한번 꿀꺽 삼키고 용기를 내어 선물을 내밀었어.
유나는 고개를 갸우뚱하더니 이내 환하게 웃었어.
"와, 예쁘다! 이거 네가 만들었어? 이 카드도?
너 그림 진짜 잘 그린다. 고마워!"
유나의 목에는 내가 만든 목걸이가 찰랑거렸어.

야호! 나는 세상에서 하나밖에 없는
목걸이와 카드를 만든 사람이다!
나는 이런 선물을 만든 내가 무척 마음에 들었어.

'나'를 소중하게 생각하기

나는 소중해요. 내가 특별히 무엇을 잘해서 소중한 게 아니라, 나이기 때문에 소중한 거예요. 내가 나를 소중히 생각할 때 마음나무는 가장 잘 자란답니다. 쑥쑥!!

나는 잘할 때도 있고 실수할 때도 있어.
하지만 내가 실수하거나 잘 못한다 해도
바보 같거나 나쁜 아이는 아니야.
키가 쑥쑥 자라는 것처럼
마음나무도 크고 튼튼하게 잘 자랄 거야.
"쑥쑥아, 늘 나를 도와줘서 고마워."
"고맙기는. 내가 바로 너잖아.
네 마음속에 있는 마음나무를 키우는 건 너 자신이니까."

| 마음나무를 키우는 말 |

어떻게 말하면 좋을까요?

친구에게 다가가기 어려울 때
"쟤는 날 싫어할 것 같아.
그냥 나 혼자 놀래."

나는 잘하는 게 없다고 생각될 때
"나는 잘하는 게 하나도 없어.
바보인가 봐."

어떤 일에 도전해도 실패할 것 같을 때
"난 어차피 해도 안 될 거야.
난 잘 못하니까."

친구들과 문제가 생겼을 때
"이런 문제가 생긴 건 다 네 탓이야!"

큰 잘못을 했을 때
"엄청나게 혼나겠지?
아마 나를 용서하지 않을 거야."

자존감이 낮은 아이는 이렇게 말해요.

친구에게 다가가기 어려울 때
"친구와 함께 놀 때도 좋지만,
나 혼자 있어도 편안해."

나는 잘하는 게 없다고 생각될 때
"이 세상에 모든 걸 다 잘하는 사람은 없어.
모든 걸 다 잘할 필요가 없잖아? 언젠가는
나도 내가 좋아하고 잘하는 일을 찾게 될 거야."

어떤 일에 도전해도 실패할 것 같을 때
"실패할 수도 있어. 늘 잘할 수는 없는 거니까.
괜찮아, 도전한 것만으로도 좋은 일이야."

친구들과 문제가 생겼을 때
"왜 이런 문제가 생겼을까? 친구 생각과
내 생각이 달라서인가 봐.
다시 얘기해 보는 게 좋겠어."

큰 잘못을 했을 때
"내가 잘못하긴 했지만
잘못했다고 말하면 용서해 주실 거야.
혼나더라도 용기를 내 보자."

자존감이 높은 아이는 이렇게 말해요.

| 마음 나무를 키워 주는 아홉 가지 생각 |

이렇게 생각해 봐요!

■ **긍정적으로 생각하기**
어려운 일이 생겨도 나에게 말해 봐요. "괜찮아, 잘할 수 있을 거야."
그러면 분명히 어려움을 이겨낼 힘이 생길 거예요.

■ **쉽게 포기하지 않기**
포기하는 건 쉬워요. 하지만 다시 일어나기는 어렵답니다.
어떤 일이든 쉽게 포기하지 말고 한 번 더 도전해 봐요.

■ **잘하는 것 찾아보기**
뭐든지 잘하는 사람은 없어요. 사람마다 잘하는 게 있고 못하는 게 있거든요.
내가 무엇을 잘하는지 찾아볼까요?

■ **내 기분을 말로 표현하기**
기쁠 때, 슬플 때, 즐거울 때, 화날 때가 있지요?
내 기분을 숨기지 말고 말로 먼저 표현해요.

실수 인정하기
실수는 잘못이 아니에요. 실수를 인정하지 않는 것이 잘못이에요.
나의 실수를 인정하고 다시 그러지 않도록 노력하면 된답니다.

최선을 다해 도전해 보기
어떤 일에 도전했을 때, 성공할 수도 실패할 수도 있어요.
실패하면 어때요? 도전하는 내가 멋지잖아요!

내가 한 것 자랑스러워하기
내가 만든 것, 내가 그린 것, 내가 발표한 것.
이 세상에 나처럼 말하고, 나처럼 그리고, 나처럼 만드는 사람은 없어요.
그러니까 내가 한 걸 자랑스러워해 보아요.

내가 먼저 친구에게 손 내밀기
친구에게 마음을 여는 것은 쉽지 않아요. 그건 친구도 마찬가지일 거예요.
그러니 내가 먼저 용기를 내어 다가가 보는 건 어떨까요?

'나'를 소중하게 생각하기
내가 잘나거나 특별해서 소중한 게 아니에요. 그냥 나라서 소중한 거예요.
내 마음나무에게 말해 볼까요? "나는 내가 참 좋아!"

스콜라 꼬마지식인 02
잘 자라라 내 마음

초판 1쇄 발행 2013년 2월 10일 **초판 10쇄 발행** 2024년 4월 17일

글 윤아해 **그림** 이영림
펴낸이 최순영

교양 학습 팀장 김솔미
키즈 디자인 팀장 이수현 **디자인** 오세라

펴낸곳 ㈜위즈덤하우스 **출판등록** 2000년 5월 23일 제13-1071호
제조국 대한민국 **주소** 서울특별시 마포구 양화로 19 합정오피스빌딩 17층
전화 02)2179-5600
홈페이지 www.wisdomhouse.co.kr **전자우편** kids@wisdomhouse.co.kr

ⓒ 윤아해·이영림, 2013
ISBN 978-89-6247-354-4 74330

- 이 책의 전부 또는 일부 내용을 재사용하려면 반드시 사전에 저작권자와 ㈜위즈덤하우스의 동의를 받아야 합니다.
- 인쇄·제작 및 유통상의 파본 도서는 구입하신 서점에서 바꿔드립니다.
- 이 책의 사용 연령은 8~13세입니다.
- 책값은 뒤표지에 있습니다.